Johanna Rau

Tagtraum und Nachtgrübelei

Johanna Rau ist 1995 im Ruhrgebiet geboren, wo sie lebt, arbeitet und studiert. Schon als Kind hat sie gerne gelesen und sich kleinere Geschichten ausgedacht.  Mittlerweile hat sie zwei Jugendbücher veröffentlicht, weitere Projekte sind in Arbeit. Musik, insbesondere das Schreiben eigener Songs, ist schon immer ihre ganz große Leidenschaft gewesen.

Alle weiterführenden Informationen, Links und QR-Codes gibt es hinten im Anhang dieses Buches.

TAGTRAUM

und

NACHTGRÜBELEI

FSC
www.fsc.org
MIX
Papier aus ver-
antwortungsvollen
Quellen
Paper from
responsible sources
FSC® C105338

Taschenbuchausgabe September 2024
Gedichte und Illustrationen
Copyright © 2024 Johanna Rau
Verlag: BoD • Books on Demand GmbH, In de Tarpen 42,
22848 Norderstedt
Druck: Libri Plureos GmbH, Friedensallee 273, 22763 Hambur
ISBN: 978-3-7597-6007-4

Satz: Johanna Rau
Cover-/ Umschlaggestaltung: Johanna Rau

Für alle, die ihre Nächte grübelnd
und ihre Tage träumend verbringen.
Ihr seid weniger alleine als ihr euch manchmal fühlt.

meine fantasie ist mein wunderland
der ort, an dem ich frei und ganz ich selbst sein kann
egal, wie ernst um mich herum die welt ist
bleib ich immer ein kleines bisschen alice

- alice

ein „nein“ von mir geht nicht gegen dich
meine grenzen setz ich allein für mich

– „ja“ zu mir

wär sich falsch zu entscheiden
eine disziplin
wär ich unangefochten
ihre meisterin

- zielsicher daneben

vielleicht hat es nur nicht funktioniert
damit mir etwas besseres passiert
und ich am ende nicht versäume
zu wagen, wovon ich träume

- schicksalhaft ?

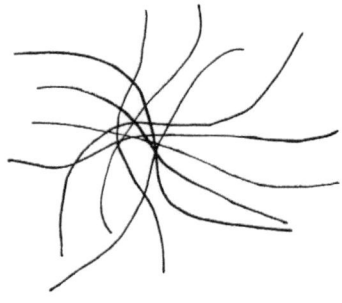

wir sind spielende und marionetten zugleich
die stets ziehen und hängen an fäden
permanent zu entwirren bestimmt
das beziehungsgeflecht des lebens

– verworren

bevor jemand mit mir unzufrieden ist
riskier ich lieber mein eigenes glück

- people pleaser

jeden abend silvester
jeden morgen neujahr
dreihundertfünfundsechzig
tage im jahr

- silvester in mir

ich hab immer gedacht
man wäre irgendwann fertig
und es käm der punkt
an dem es nicht mehr so schwer ist

- never ending story

alle um mich folgen gradlinig ihrem plan a
ich werf grad d oder e über den haufen
sie kriegen jobs, ziehen um, sagen „ja"
ich kann nach wie vor bloß schlangenlinie laufen

- schlangenlinie

manchmal sitz ich irgendwo und erschrecke mich
darüber, dass das hier gerad das echte leben ist

- erschreckend echt

heute weiß ich, meine lebenszeit
ist das wertvollste gut, das ich hab
darum geb ich von nun an ganz genau
darauf acht, was ich damit mach

- zero waste

ich stehe meistens

vor und mit dem rücken zur wand

zurückgehalten und gedrängt

von permanenter angst

- angst

kostet es mich meinen frieden
ist der preis so was von zu hoch
in der theorie völlig logisch
an der umsetzung hapert es noch

- unbezahlbar

ich tu mal wieder so
als hätt ich alles im griff
dabei weiß ich selbst, dass das
wenn überhaupt
nur halb die wahrheit ist

- halbwahrheiten

wie absurd eine welt doch ist
die deinen wert daran bemisst
wie stark du belastbar bist

- die last der welt

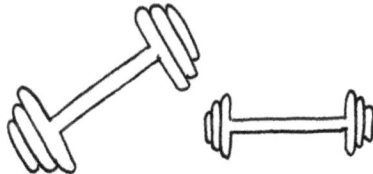

viel zu oft schon hat jemand gesagt
dass es doch keinen unterschied macht
manch einer bloß unbedacht
ein andrer aus angst um die macht

doch gesagtes hat wunder vollbracht
schon revolutionen entfacht
denn sprache hat so viel kraft
dass ein wort wirklichkeit erschafft

- revolutionierende

wer weiß
vielleicht
könnt es schlimmeres geben
als ein blaues wunder zu erleben

- wunder ist wunder

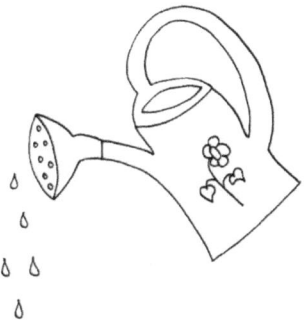

ich muss die saaten gießen
von denen ich hoffe, sie sprießen

- where focus goes energy flows

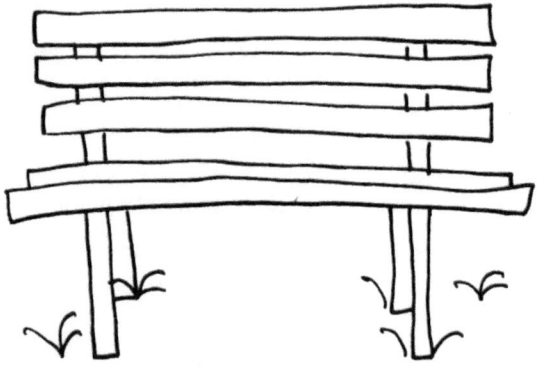

versuch die dinge so zu machen
wie man sie halt macht
doch wo fremde erwartung mich hinführt
ist selten mein platz

- mein platz

ich bin die, die gerne an früher denkt
die am gestern mehr als am heute hängt
die leidet unter vergänglichkeit
darunter, dass nichts für immer bleibt

- früher

manchmal denk ich, dass ein leben ohne leidenschaft
es zu leben um einiges einfacher macht

- leidenschaftslos

während mein verstand mir zuruft
„halte durch, du kannst das"
ist mein herz schon längst wieder
irgendwo ganz anders

- nicht von dieser welt

wie können sie nicht mal bemerken
die steine so tonnenschwer auf meinem herzen?

- tonnenschwer

im überdenken bin ich eine meisterin
in allem frei davon such ich einen sinn

pure nichtigkeiten lassen mich nicht los
mausekleines bausch ich elefantengroß

nehm alles auseinander, stell es auf den kopf
im vorfeld schon, auch jahre später noch

überanalysiere und überinterpretiere
wohl wissend, dass ich dabei den verstand verliere

- overthinker

wird an irgendeinem punkt in meinem leben
all das schließlich einen sinn ergeben?

- sinnvoll

„aus einem koffer voller träume

kann man doch nicht leben"

das ist leider richtig

aber ohne eben auch nicht

— brotlos

hab mir schon mehr als einmal heimlich gedacht
vielleicht bin ich einfach nicht fürs leben gemacht

- lebensunfähig

verwunderlich, dass für mich
auch glück kaum zu ertragen ist

- unerträglich

der körper ist ein tempel
sagt man
wo die seele sich zuhause
fühln kann
ein raum von stille und frieden
frei von hass und waffen und kriegen

doch die tempelruhe
ist bloß illusion
nur millimeter zündschnur
bis zur explosion

nichts ist heilig nur durch ein wort
nirgends gibt es sinnloseres opfer
als an einem geweihten ort

- tempel

irgendwann kommt der moment
da fliege ich auf
und alle merken, außer vorzutäuschen
habe ich nichts drauf

- imposter syndrom

zu viel von allem
zu wenig vom nichts
was dazwischen liegt
kenne ich nicht

- balance

ich wünsche mir
dass meine entscheidungen reflektieren
dass ich mut hab zu träumen
und nicht angst zu verlieren

- entscheidend

kann nicht verhindern, wenn mich etwas bewegt
dass es mir mitten ins gesicht geschrieben steht

- offenes buch

manche menschen haben alles im griff
und dann gibt es noch solche wie mich

- beine rasieren im winter

jeder kämpft einen kampf
über den er nicht spricht
es ist wichtig
dass man das nie vergisst

- treat people with kindness

ich fühle, sehe, höre, rieche, schmecke
immer ein bisschen mehr als ich es gerne hätte

- übersensibel

selbst in den dunkelsten stunden des lebens

ist zu hoffen niemals vergebens

- zu hoffen

manchmal fühl ich mich so privilegiert
dass ich mich schäme, weil es mir passiert

- privileg

sie sagen, ich würde das echte leben
noch nicht richtig verstehen
was ist falsch daran, bittre medizin
mit einem löffelchen zucker zu nehmen?

- mary knows best

im kampf gegen mich selbst
kann ich vielleicht
mal eine schlacht gewinnen

doch ohne mich komplett
zu zerstören
wird mir kein sieg gelingen

- kriegerin

nur ich allein bin meines

eignen glückes schmied

was wenn genau darin

mein größtes problem liegt?

- glücksschmiedelehrling

zu hoffen

egal, ob man weint oder lacht

vielleicht ist es das

- optimistisch

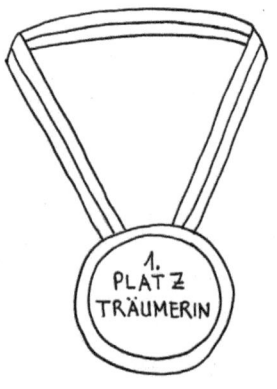

sie belächeln mich
nennen mich träumerin
und ahnen nicht
dass ich stolz drauf bin

- stolz

vielleicht leben wir in einer spielzeugwelt
von irgendjemandem an unsern platz gestellt

- fremdbestimmt

nur weil

„alle es so machen“

„es schon immer so ist“

gilt das doch nicht auch für mich

- nicht für mich

wenn

„jeder da durch muss“

„es für keinen leichter ist“

verändert sich doch absolut nichts

- absolut nichts

meine erinnerungen halten
mich permanent zurück
und sind doch zur selben zeit
mein allergrößtes glück

- rückhalt

das einzig gute an dem chaos
in mir drin und um mich rum
am ende kommen
wenn ich glück hab
ein paar neue songs bei rum

- zumindest das

normal zu sein
krieg ich nicht hin
ich habs probiert
war nicht mein ding

- normal

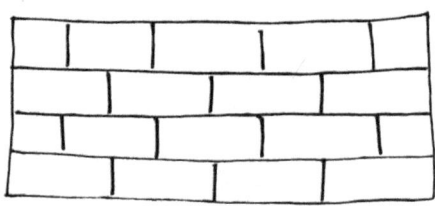

meine routinen engen mich ein
wie unüberwindbare mauern
und sind doch mein einziger halt
wenn ich dem leben mal wieder nicht trauen kann

- mauern

wird nichts jemals wirklich einen sinn ergeben
bis ich es wage, meine träume zu leben?

- zeitverschwendung

es ist so schwierig in den kopf zu kriegen

warum will nicht jeder mensch bloß frieden?

- frieden

meine stimmungen schwanken
wie ein boot auf offener see
bringen alles ins wanken
bis ich den horizont nicht mehr seh

die nadel findet kein nord
egal, wohin ich den kompass dreh
reißt mich die strömung hinfort
bis ich irgendwann untergeh

- stimmungsschwankungen

glaubt man manchmal
man kommt nicht mehr über die runden
hat auch der schlimmste tag
nur vierundzwanzig stunden

- auch das geht vorbei

wann genau zwischen damals und heute ist es passiert

dass sich jeder nur noch für sich selbst interessiert?

- erwachsen beginnt mit e wie ego

wann hat es angefangen
nicht mehr aufzuhören?

- perpetuum mobile

braucht man nerven so stark
wie seile aus draht
hab ich nerven so zart
wie seide

- seidennerven

mein körper hat ecken und kanten
und alle davon sind rund
wär ich auch was ich für dünn genug halte
fänd ich zu hadern noch einen grund

- ecken und kanten

warum halt ichs nicht aus?
die andern könnens doch auch

- aushalten

freundlich zu sein bedeutet nicht
dass man sich selbst dabei komplett vergisst

- du verdienst es auch

an meinen pflanzen kann man sehen
wie die dinge um mich stehen

- pflegebedürftig

ich bin bereit und ich bin genug
was jetzt fehlt, ist ein mutausbruch

- mutausbruch

ich mag dinge, die mich erinnern
und für einen glücksmoment lang
meine sehnsucht nach früher verringern

- mein kassettenrecorder

vielleicht führt jeder falsche schritt
mich an den ort, der richtig ist

- wenn möglich, bitte wenden

manchmal ist schon morgens
um fünf nach neun
die soziale batterie
auf dem zero point

- zero point

auf die welt der erwachsenen

hab ich keine lust

wenn man dort alles nur tut

weil man es muss

- ohne mich

denke keine sekunde
daran aufzugeben
denn keine blume
wächst ohne regen

- no rain no flowers

manche wege verlaufen grade
meiner verläuft krumm
irgendwann werde ich wissen, warum

- auch krumme wege führen nach rom

steht irgendwann in meinen memoiren

„hätte ich nur den mut gehabt, etwas zu wagen"?

- memoiren

ich hasse mit aller kraft

dass ich nichts tun kann, was es besser macht

- fck cancer

manchmal kann ich mein glück kaum fassen
ob all der wunder dieser welt
und manchmal ist ein taylor swift song
alles, was mich hier noch hält

- „to live for the hope of it all" [1]

---

1) aus dem Song „August" © Taylor Swift

erinnerungen sind wahre meister der illusion
je älter sie werden, so weniger haben sie
mit der wirklichkeit zu tun

- desillusioniert

ich klammere mich fest
und kann doch nicht verhindern
die natur des lebens ist
dass dinge sich verändern

- unaufhaltsam

es nervt, dass die kleinste kleinigkeit
mir als grund zur überforderung reicht

- überforderung

nichts krieg ich ohne eine prise drama hin
was ich auch tu, ich bleibe eine chaos-queen

- chaos-queen

bei meinem hang zum chaos
frag ich mich tag und nacht
wie hab ich es überhaupt
bis hierher geschafft?

- survivor by accident

ich liege wach

lausch dem geräusch von regen

für den moment

kann es mir frieden geben

- klang um 0:50 Uhr

poetischer als heute morgen

erwachsen zu werden
sehe ich überhaupt noch nicht ein
denn in meinen zwanzigern macht es mir
viel zu viel spaß ein teenie zu sein

- a teenage girl in her twenties

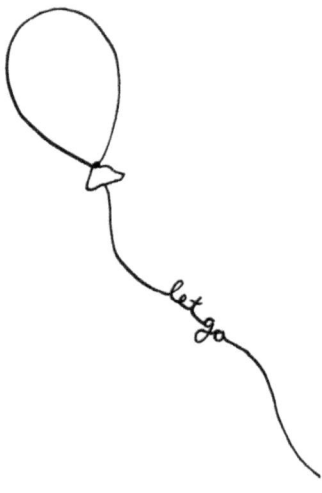

sich für der seele frieden zu entscheiden
bedeutet leider, manches kann nicht bleiben

- platz schaffen

bin gut im hätscheln der vergangenheit balast
damit ich in zukunft auch noch was davon hab

- nach vorne schauen kann ja jeder

zeit, die ich

in fremde träume investiere

ist zeit, die ich

für meine eigenen verliere

- fehlinvestition

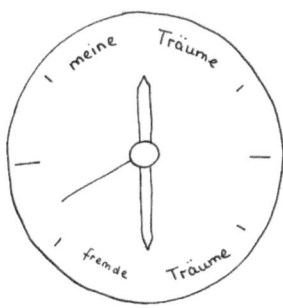

sein herz
in fremde hände zu legen
bringt den größten fluch
und den größten segen

- fluch und segen

eigentlich wäre ich heute
überhaupt gar nicht hier
ihr könnt froh sein, dass ich es
zumindest ausprobier

- kopfschmerzen

auf jeden tag

den ich wegen kopfschmerzen fehle

kommen mindestens zehn, an denen ich

mich trotzdem durchquäle

- find ich ja selber blöd

MO	DI	MI	DO
X	X	X	X

FR	SA	SO	
X			geschafft

hat erwachsen sein in dem moment begonnen
ab dem man froh war, durch die woche zu kommen?

- so will ich das nicht

egal was ich mir wünsche

und doch nicht hab

egal was ich versuche

das doch nicht klappt

mein gehirn redet mir überzeugend ein

wär ich dünner, würde alles besser sein

- dünner

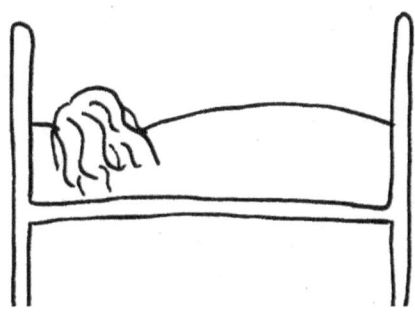

ich hab es aus dem bett geschafft
das hat mich heute stolz gemacht

- klingt wenig, ist aber viel

irgendwann ist sicher der punkt gekommen
an dem ich wünschte, ich hätte heute begonnen

- Vorsorge

warum müssen wir eigentlich immer vergleichen
ob wir mehr oder weniger leisten

- belastbarkeitsgrenzen sind verschieden

alle hoffen, es ist nur eine phase
die ich bald schon überwunden habe
dabei erkennen sie das wesentliche nicht
dieses chaos ist mein allerwahrstes ich

- ich

immer wenn ich fürchte,
meine kräfte würden nicht mehr reichen
schickt irgendwer von irgendwo
ein ganz anderes zeichen

- zeichen

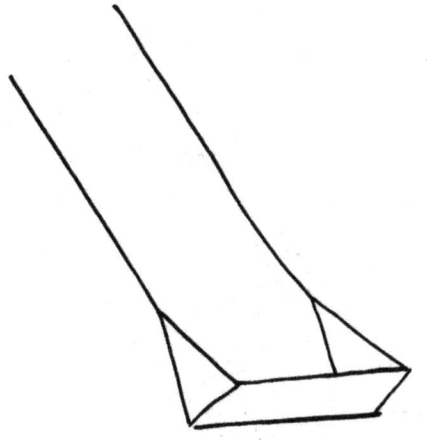

wenn man sich im herzen immer
ein stückchen kindheit bewahrt
trifft einen gleich in welchem alter
der ernst des lebens nicht so hart

- ich geh schaukeln

an manchen tagen fühle ich mich
als könnte ich berge bewegen
an anderen fällt es mir schon schwer
bis abends nur zu überleben

- mal so mal so

wenn schnecken auch

in ihrem tempo kriechen

keiner kann von unterwegs so gut wie sie

die aussicht genießen

- schneckentempo

der sicherste weg
nicht enttäuscht zu werden
ist die erwartung an andere
komplett zu erden

- einzelkämpferin

zu nicken und zu lächeln
ist leichter als zu reden
denn was in mir vorgeht
würde eh niemand verstehen

- nicken und lächeln

krieg wieder mal das chaos
in meinem kopf nicht weg

seitdem ich denken kann
ist da dieser defekt

würd alles dafür geben
gäbs irgendwo versteckt

ein kleines rundes knöpfchen
für einen reset

- reset

mundwinkel rechts hoch
mundwinkel links
ein lächeln, das änderts
ein lächeln, das bringts

- probiers mal

egal, wie gut es läuft
ich seh immer irgendwo
die möglichkeit für ein
worst-case-szenario

- worst case

das glück passt jeder figur

trotzdem hader und zweifel ich nur

mit den kurven im ewigen krieg

während das leben vorüberzieht

- unpassend

jeder schritt, den ich gehe
verhindert, dass ich durchdrehe

- my stupid daily walk
for my stupid mental health

immer wenn ich grade glaub ich könnte fliegen
befinde ich mich eigentlich im freien fall
warum versuch ich auch die schwerkraft zu besiegen
weiß ich doch, dass ich nur wieder aufknall

- freier fall

ich hätte grund

wie auf wolken zu gehen

in jedem regen

den bogen zu sehen

denn während ich mich in trübsal verlier

ist das leben viel zu gut zu mir

- hab ich gar nicht verdient

wenn etwas auch noch so wunderbar ist
komm ich nicht mit klar, überfordert es mich

- glückstief

schon verrückt, wie musik auf den ohren macht
dass plötzlich alles so einen zauber hat

- musik ist magie

was ich von niemandem könnte
zu hören ertragen
werd ich nicht müde
mir selber zu sagen

- selbstsabotage

ich hab keine angst vor dem fall
was ich fürchte ist das fliegen
denn die lüfte sind mir so fremd
doch ich kenn es am boden zu liegen

- flugangst

so viel, was das leben dir abverlangt
du würdest dich niemals beklagen
ich schaue schnell weg, kann nicht einmal
den blick darauf ertragen

- die ungerechte verteilung von glück

anstatt mich mit meinen sorgen zu verschanzen
hilft es mir meistens, einfach alles rauszutanzen

- tanz es raus

man ist nicht, was einem passiert
sondern wie man darauf reagiert

- nicht ausgeliefert

könnt ich eine zeitmaschine erfinden
würd ich sofort auf eine reise verschwinden
nicht in die zukunft, denn die kommt ja eh
in die vergangenheit, wo ich dich wiederseh

- zeitmaschine

wenn ich gerad erst für eine idee
feuer und flamme bin
ziehn mich kräfte wie gravitation
schon zu der nächsten hin

- sprunghaft

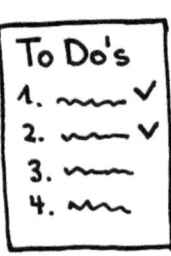

meinen tag mit listen zu strukturieren
hilft mir, mich zwischendurch nicht zu verlieren

- to do's to not lose

so sehr ich es liebe
unter menschen zu sein
brauche ich umso mehr
meine zeit allein

- meine zeit

anstatt immer an denselben
roten ampeln zu stehen
muss ich lernen, mich nach anderen
wegen umzusehen

- grün

ich geb mal besser selbst auf mich acht
weils hier ja sonst kein anderer macht

- mir selbst die nächste

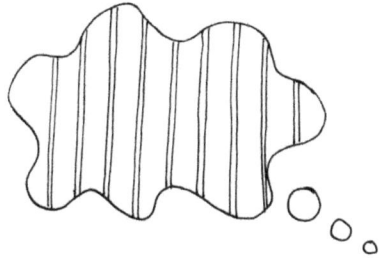

im gefängnis meiner gedanken
halt ich mich selbst gefangen

- gefangen

schon verrückt, dass die schrecklichen dinge im leben
menschen aufeinander zu bewegen

- schicksalsgemeinschaft

ich bin nicht gescheitert, war nicht zu schlecht
hab es einfach erfolgreich in den sand gesetzt

- katastrophe kann ich

peinlich ist nichts
einfach an sich
peinlich ist das
was man dazu macht

- nur in meinem kopf

ich schlage wellen
bin ich einfach nur ich
etwas anderes tut der mond
doch eigentlich auch nicht

- der mond und ich

warum küsst die muse
immer nur nachts
tagsüber bin ich
doch sowieso wach

- meine muse ist nachtatkiv

bin so dankbar
dass ihr mir habt gegeben
die allerweltbeste
schwester fürs leben

- schwesternliebe

einfach, damit es auch mal
schwarz auf weiß geschrieben steht
dass mir nichts über
meine herzensmenschen geht

- herzensmenschen

das leben ist zu sehr von wundern voll
als dass das ziel der reise schlecht sein soll

- am ende wird es gut

Ein paar Gedanken zum Schluss...

Meistens schreibe ich Songs, Texte und Gedichte in emotional intensiven Situationen. Häufig, wenn es mir gerade besonders gut oder besonders schlecht geht.

Weder die einen, noch die anderen Situationen sind von Dauer. Das Leben ist ein ständiges Auf und Ab und das ist gut so. Das bedeutet, dass die Gedichte dieser Sammlung in erster Linie Momentaufnahmen sind.

Du brauchst dich also nicht um mich zu sorgen!

Sollten *dich* einige der folgenden Gedanken in irgendeiner Weise triggern, kann ich dich nur ermutigen, mit jemandem darüber zu sprechen. Du musst die Aufs und ganz besonders die Abs deines Lebens nicht mit dir alleine ausmachen.

Wenn du das Gefühl hast, dass es für dich momentan kaum noch Aufs und dafür immer länger andauernde Abs gibt oder du mit den Abs nicht mehr richtig umgehen kannst, ist es überhaupt keine Schande, sich auch professionelle Unterstützung zu suchen.

Ganz im Gegenteil!

Sonstiges

 Scanne diesen Code, um direkt zu meiner Website, meinem Blog, meiner Musik, meinen Büchern, meinen Social Media-Profilen und mehr zu gelangen.

Oder folge diesem Link:
www.wonderl.ink/@johanna.rau

Wenn dir dieser Gedichtband gefallen hat, würde ich mich über eine Bewertung/ eine kurze Rezension auf einem Portal deiner Wahl oder eine Vorstellung auf deinem Social Media Profil sehr freuen!
Ebenso über digitale und analoge Weiterempfehlungen an Familie, Freunde und Bekannte! :)

Danksagung

Ich danke DIR dafür, dass du dieses Buch gekauft und offensichtlich bis hierher gelesen hast!

Egal, ob wir uns persönlich kennen oder nicht, es bedeutet mir sehr viel, dass du mich unterstützt und ein Teil meiner kreativen Reise bist!